AF259840

LA FRANCE A REFAIRE

I

LA COMMUNE

PAR

JULES AMIGUES

DÉDIÉ AUX OUVRIERS ET AUX BOURGEOIS

PARIS

E. LACHAUD, LIBRAIRE-ÉDITEUR

4, PLACE DU THÉATRE-FRANÇAIS

1871

AVANT-PROPOS

Cette étude a été écrite et publiée dans un journal (1) pendant le siége de Paris, peu de jours après le vote du 3 novembre 1870, qui consolida le Gouvernement du 4 septembre. J'ai voulu, en la reproduisant ici, lui conserver sa forme d'actualité, d'abord parce qu'il est des souvenirs qu'il faut toujours avoir présents à la mémoire, afin qu'ils nous servent d'enseignements; ensuite parce que les événements survenus depuis le 3 novembre prêtent rétrospectivement à mes prévisions une autorité dont je n'ai pas cru devoir les dépouiller. La première échéance de la guerre civile que j'annonçais

---

(1) Dans le Soir, numéros des 6, 8, 11 et 15 novembre 1870.

dès lors est venue le 22 janvier 1871. Après
le 22 janvier est venu le 18 mars; après le
18 mars, le 22 mars. Est-ce la fin? Je voudrais
l'espérer, et l'avenir nous le dira. En tous cas,
— il est bon que « le parti de l'ordre » s'en
rende compte, — les 62,000 dissidents du
3 novembre 1870 sont précisément les mêmes
hommes qui ont fait le 18 mars 1871. Et c'est
là une réponse, digne d'être méditée, à la question que je pose dès le début de ce travail :

« Est-ce un fait si naturel et si rassurant,
que 62,000 citoyens se trouvent, dans une
grande ville, avoir une opinion contraire à celle
du reste de la population, et n'aient, pour faire
prévaloir cette opinion, d'autre moyen pratique
que la force? »

La justesse des pressentiments que j'expri-
mais dès le mois de novembre prouve assez que
je n'entends contester ni la légitimité sociale
ni la fatalité historique du curieux mouvement,
à la fois révolutionnaire et municipaliste, auquel
nous assistons. Rien n'était d'ailleurs plus aisé
à prédire que ce mouvement. C'est une loi sans

exception dans les annales des peuples, que les sociétés politiques qui succombent sous l'excès de la centralisation, tombent en démembrement. La France n'échappera point à cette loi. La tâche qui s'impose à nous, gens de ferme esprit et de bon vouloir, c'est de diriger et de régler, autant que possible, ces forces de décomposition, que nous ne saurions comprimer.

A envisager les choses en ce sens, on peut dire que la révolution semi-séparatiste inaugurée à Paris le 18 mars, quelle qu'en doive être l'issue, marque, sans peut-être en avoir exactement conscience, le point de départ d'une grande reconstruction politique, dont les bases doivent être : l'autonomie communale et la fédération provinciale. C'est vers ce résultat, je le professe hautement, que tendent mes propres recherches; c'est après avoir soutenu ces idées dans le journalisme dès longtemps avant l'heure où devait poindre leur sinistre aurore que je les expose et les resserre ici dans une triple et sommaire étude sur la Commune, la Province et l'État.

Or, l'œuvre préliminaire à accomplir, pour le triomphe de ces idées, c'est la ruine du vieux centralisme, monarchique ou parlementaire : avant peu l'on verra se dégager, à cet égard, les conséquences et la portée de la surprise de Montmartre.

Paris, 27 mars 1871.

Jules AMIGUES.

LA COMMUNE

I

Au delà des malheurs qui nous frappent, il y a les malheurs qui nous menacent.

Au delà d'aujourd'hui, il y a demain.

Au delà des désastres de la guerre avec l'étranger, on entrevoit — il serait vain de le nier — l'effrayante perspective de la guerre civile.

Nous y avons échappé pour cette fois : c'est bien.

Le vote du 3 novembre a consolidé un gouvernement qui promet de maintenir énergiquement l'ordre intérieur en face de l'ennemi : c'est bien encore.

Mais ce vote du 3 novembre, auquel j'applaudis volontiers, à raison des circonstances où il a été rendu, constate, en somme, 62,000 mécontents.

N'est-ce rien que cela ?

Est-ce un fait si naturel et si rassurant, que 62,000 citoyens se trouvent, dans une grande ville, avoir une opinion contraire à celle du reste de la population, et n'aient, pour faire prévaloir cette opinion, d'autre moyen pratique que la force ?

Vous me direz que cette opinion est, en l'espèce actuelle, absurde, périlleuse pour l'État, et que, plutôt que de laisser périr l'État, vous réprimerez, sans pitié ni scrupule, les tentatives de ceux qui s'en déclarent les ennemis ?

Soit ! mais après ?

Croyez-vous que de telles répressions, même lorsqu'elles réussissent, ne laissent point après elles de traces fâcheuses ? Et si les intérêts d'aujourd'hui y gagnent quelque chose, croyez-vous que ceux de demain n'y perdent rien ? L'Empire, voyez-vous — tant pis pour ceux qui ne le voient pas — l'Empire n'est pas sorti du coup d'État de décembre 1851 ; il est sorti de l'émeute de juin 1848.

Vous me direz encore que l'ordre, qui est en tous temps le premier besoin des sociétés politiques, est d'autant plus précieux à maintenir dans les conjonctures anormales où nous nous trouvons, et que ce n'est pas payer trop cher son maintien que d'opprimer légalement, par l'irrécusable autorité du nombre, une minorité de factieux ?

J'accorde cela encore, mais uniquement à raison des conjonctures anormales. Ces conjonctures passées, ce que vous trouvez bon et légitime devient injuste et détestable.

Que vous ayez voté 527,000 contre 62,000 pour empêcher la chute d'un gouvernement qu'il faut soutenir à cette heure sans trop le discuter, c'est à merveille.

Mais voici que des élections municipales commencent (1).

Or, la logique vous contraint de pousser jusqu'au bout votre succès, et de ne négliger aucun effort pour qu'aucune des listes municipales proposées par les 62,000 ne puisse réunir la majorité.

Si vous y réussissez, vous croirez avoir obtenu un triomphe. Et cela sera vrai. Mais ce triomphe, que la situation vous commande d'obtenir, ne vaudra — j'insiste sur ce point — que pour la situation, et sera, en lui-même, mauvais.

---

(1) Il s'agit ici des élections municipales qui suivirent le vote du 3 novembre.

Il n'est pas juste, il n'est pas prudent, que 62,000 hommes, 62,000 citoyens d'une même ville, n'aient pas et ne puissent pas avoir de représentation légale de leurs opinions et de leurs vœux.

Cela n'est pas juste, parce que cela est contraire à la théorie idéale du suffrage universel ; cela n'est pas prudent, parce que les opinions et les vœux qui ne peuvent se manifester par les voies de la légalité, en viennent fatalement à se faire jour par les voies de la force.

Vous me répondez que cela est inévitable, que c'est là l'irrémédiable conséquence de la théorie des majorités, loi unique et formule nécessaire de tout système politique fondé sur le libre suffrage des citoyens!

Et moi je vous dis que votre théorie des majorités, entendue comme elle l'est depuis 1848, est tout simplement inique et monstrueuse ; que votre prétendu suffrage universel, tel qu'il a été institué, en 1848, par les mêmes hommes qui ont fait le 4 septembre 1870, tel qu'il a été restauré en 1851 et maintenu depuis par l'Empire, n'est qu'une négation brutale du droit individuel ; et que du système représentatif, c'est-à-dire du régime politique véritablement fondé sur l'assentiment public et sur le libre exercice de toutes les opinions, nous n'avons et nous n'avons toujours eu que le mot, sans jamais avoir même entrevu la chose.

Doutez-vous de ce que j'affirme ?

Écoutez-moi un instant, en ce cas, et, si vous le voulez bien, fouillons un peu ensemble le grave problème de la représentation : cela nous servira pour toute la série de ces études.

Qu'est-ce, tout d'abord, que la représentation ?

La représentation, dans l'emploi usuel des mots comme dans la réalité des choses, n'est pas autre chose qu'un mandat, plus ou moins général.

Représenter une personne ou une multitude, c'est être chargé de la gestion de tels ou tels intérêts propres à cette personne ou à cette multitude.

D'où il suit avec évidence :

Que, pour représenter par voie de délégation les intérêts d'autrui, la première condition est d'avoir la connaissance et la pratique de ces intérêts ;

Que le mandataire, afin de n'être point placé dans une situation contradictoire entre son mandat et son intérêt, ne doit pas être choisi dans telle ou telle catégorie de personnes qui se trouverait avoir des intérêts contraires à ceux des mandants ;

Que le mandat, pour être sérieux, ne doit porter, alors qu'il s'agit d'une délégation consentie par un groupe nombreux d'individus, que *sur des intérêts identiques ou tout au moins analogues et solidaires entre eux ;* car un mandat ne saurait avoir valeur, et serait, dès l'origine, entaché d'équivoque — et, comme tel, frappé de nullité — s'il avait, dans l'intention et dans la conscience des mandants, considérés les uns par rapport aux autres, des significations diverses et des objets contradictoires ;

Que, autant que possible, *le mandataire doit être connu de tous ses mandants,* non-seulement afin que ses qualités personnelles viennent en garantie de l'exécution du mandat, mais afin que le sens du mandat puisse être clairement et contradictoirement établi entre les mandants et le mandataire, et afin qu'il en résulte, de part et d'autre, confiance et sécurité pendant toute la durée du mandat ;

Qu'en sommé, l'expression idéale de la représentation serait le choix d'un mandataire ayant exactement les mêmes intérêts que les mandants, c'est-à-dire placé dans les mêmes conditions sociales qu'eux, vivant dans le même milieu qu'eux, et personnellement connu d'eux tous.

Ces conditions, en matière de représentation politique (1), sont assurément difficiles à réaliser avec une précision rigoureuse ; mais tout système électoral raisonnable doit tendre à les serrer d'aussi près que possible, puisqu'elles procèdent des exigences de la raison et de la nature même des choses, puisqu'elles sont le *substratum* philosophique de tout régime politique fondé sur la représentation.

Or, il n'y a pas une seule de ces conditions qui ne soit violée, avec une brutalité naïve, par la constitution actuelle du suffrage universel.

Que le plus grand nombre des mandataires actuels du suffrage universel n'aient point la connaissance pratique des intérêts qu'ils sont chargés de représenter, c'est ce qu'il est difficile de contester lorsqu'on réfléchit que, dans une société industrielle et travailleuse comme la nôtre, la grande majorité de la représentation est composée de gens étrangers aux intérêts du travail, ou tout au moins aux besoins et aux souffrances du travailleur.

Que la plupart des mandataires soient choisis dans des catégories de personnes qui se trouvent avoir des intérêts très-distincts, sinon contraires, de ceux des mandants, c'est ce qu'il est impossible de ne pas avouer, quand on observe que la population manouvrière, qui, considérée dans l'ensemble de ses variétés, constitue en France le gros de la masse électorale, n'est représentée et ne peut être représentée, grâce aux abus combinés de l'influence locale et de la pression gouvernementale, que par de puissants capitalistes ou d'opulents pro-

---

(1) Je confonds à dessein sous ce nom, afin d'élargir la thèse et de généraliser les conclusions, tous les modes de la représentation publique. La représentation municipale, en somme, n'est pas moins politique que la représentation dite parlementaire; et la politique, mot dérivé de πολις, n'est pas autre chose que la science et le maniement des intérêts de « la cité. »

priétaires : je parlerai tout à l'heure des quelques avocats qui forment l'appoint et le levain du corps représentatif.

Sur ce chapitre on me dira, je le sais bien, que, philosophiquement parlant, il n'y a point antinomie entre les intérêts du riche et ceux du pauvre, et, plus spécialement, entre les intérêts de l'industriel et ceux de l'ouvrier. Mais il ne s'agit point ici de sophistiquer benoîtement à la suite du docteur Pangloss ; et le temps n'est point venu encore où les races humaines doivent ouïr, à leur grand ravissement, sur la terre et dans le ciel, le sublime concert promis par Pythagore. La politique ne se repaît point de rêves mystiques ; elle se prend corps à corps avec les faits. Or, les faits ici sont assez apparents et parlent assez haut pour qu'on ne puisse pas les nier, encore qu'il y ait bon nombre de gens qui se bouchent les yeux pour ne rien voir, et les oreilles pour ne rien entendre. Les faits, ou, si l'on veut, les symptômes, que les préoccupations accidentelles de la politique ou de la guerre peuvent nous faire perdre de vue un moment, mais qui nous réapparaissent plus tard impérieux et menaçants, c'est le congrès de Bâle ; ce sont les réunions des associations ouvrières ; ce sont les déclarations plus ou moins publiques de l'*Internationale* ; c'est l'élection des Gambetta et des Rochefort, candidats volontaires ou passifs, aveugles ou conscients, de la haine et de l'envie ; c'est la tentative de coup d'État du 31 octobre ; ce sont ces mille manifestations populaires, dont on peut discuter la portée ou le péril, mais dont il est impossible de méconnaître les tendances.

Au point de départ de toutes ces tendances, à l'origine de toutes ces manifestations, on trouve l'antagonisme entre le bourgeois et l'ouvrier, entre le capital et le travail (1).

____

(1) La première fois que j'osai écrire cette chose énorme — c'était dans l'*Opinion nationale* — je fus pris à partie, avec un singulier accord, par les journaux les plus opposés entre eux, notamment par le *Français*, le *Peuple français* et le *Rappel*. Tous, pareillement élevés à l'école de la Phrase, quoiqu'ils aient diversement profité de leur éducation, me crièrent d'une commune voix qu'il n'y a plus en France de catégories sociales, qu'il n'y a plus que « le peuple, le peuple souverain, la grande nation

Vous me dites que ces braves gens du congrès de Bâle, de l'*International* ou du 31 octobre, se trompent ou se laissent tromper.

Peut-être. En ce cas, hâtez-vous de les éclairer, afin qu'ils ne se trompent pas plus longtemps, car c'est sous de telles erreurs que croulent les sociétés. Tant que vous ne les aurez pas éclairés et convaincus, l'antagonisme que je signale subsistera dans leur opinion, ce qui sera exactement tout comme s'il existait en fait; et tant qu'il subsistera, votre système de représentation, en dépit de vos protestations libérales, ne vaudra rien et sera pour la société un péril plus qu'une sauvegarde, parce qu'il repose sur la contradiction flagrante et sur la fiction pure.

Reprenons donc et achevons notre rapide analyse du suffrage universel, tel qu'il est actuellement constitué.

Que le mandat représentatif y soit entaché non-seulement d'antinomie entre les intérêts des mandants et ceux des mandataires, mais aussi d'équivoque et de contradiction dans son origine et dans son essence mêmes, c'est-à-dire dans l'intention et dans la conscience des mandants, c'est ce qui ne saurait être évité, alors que, sans nul souci de la logique, et sans autre raison que les convenances administratives, on parque arbitrairement, dans le même bercail électoral, les troupeaux les plus dissemblables, les intérêts les plus distincts et les plus divers, alors qu'une seule et même circonscription englobe villes et campagnes, ouvriers et bourgeois, paysans et industriels (1).

---

française, » etc. Tant l'esprit français s'est laissé égarer, par la fausse discipline des partis et par la manie des formules toutes faites, hors des voies du juste et du vrai! Accoutumé à ne plus voir que des masques, il ne reconnait plus les visages, et quand la réalité sévère vient à lui apparaître, il la renie, s'il ne lui arrive pas de l'insulter.

Par malheur ou par bonheur — qui le sait encore? — le mouvement de mars est venu préciser mieux les termes de la question et montrer, du même coup, qui avait raison, de moi ou de mes confrères de toutes les couleurs.

(1) Tout ceci ne s'applique pas seulement au régime électoral de l'Empire;

Enfin, que le mandataire du suffrage universel soit connu de tous ses mandants, c'est ce qu'il serait hardi de prétendre, alors qu'un seul député ou délégué, politique ou administratif, représente 100 ou 150,000 habitants; alors surtout que l'on sait, par une expérience de vingt années, la façon confuse, désordonnée — disons le mot, indécente — dont les choses se passent entre le candidat et la masse bigarrée de ses électeurs (1).

Le suffrage universel, tel qu'il se pratique aujourd'hui en France, est donc bien loin de fournir cette expression idéale de la représentation, qui consisterait dans « le choix d'un mandataire ayant exactement les mêmes intérêts que ses mandants, placé dans les mêmes conditions sociales qu'eux, vivant dans le même milieu qu'eux et personnellement connu d'eux tous. »

Aussi, voyez par quels résultats se recommande, dans la pratique, votre système de représentation !

Prenons des faits, et prenons-les dans les élections purement politiques, là où, étant plus notoires, ils sont aussi plus concluants. D'ailleurs, nous ne connaissons depuis longtemps, à Paris, d'autres élections que les élections politiques; et c'est là, pour le dire en passant, une des causes de l'étrange prétention qui nous fait, à tout moment de notre histoire, le 4 septembre ou le 31 octobre 1870 aussi bien que le 24 février 1848, proclamer, comme gouvernement légitime et indiscutable de la France, le régime ou le personnel issu d'une échauffourée de Paris.

---

car il ne semble pas que, jusqu'à ce jour, les hommes de la République soient disposés à introduire dans ce régime de bien sérieuses modifications, à part le scrutin de liste, qui ne fait qu'aggraver le mal au lieu d'y remédier, ainsi que je le montrerai plus loin.

(1) Ce sera bien autre chose, surtout à Paris, maintenant que, grâce au scrutin de liste, chaque député et peut-être chaque conseiller municipal de Paris va être censé représenter deux millions d'habitants.

Choisissons donc, si vous le voulez, comme type des vices et des équivoques du suffrage universel, la dernière élection de M. Jules Favre au dernier Corps législatif. Je ne vais pas, comme vous le voyez, chercher des exemples obscurs et contestables.

Au mois de juin 1869, M. Jules Favre se porte à Paris dans la 7e circonscription. Il s'y trouve avoir pour concurrent M. Rochefort. Au premier tour de scrutin, M. Rochefort réussit presque, et son élection au second tour semble assurée. Le parti modéré s'émeut , et, faisant trêve aux compétitions de personnes, il vote en masse pour M. Jules Favre; en conséquence de quoi M. Jules Favre passe sur le corps à son adversaire d'alors, qui devait être, un an plus tard, son collaborateur en révolution et son collègue en gouvernement.

Voilà donc une élection dont la signification politique, envisagée dans la conscience et l'intention des électeurs, était essentiellement modérée, dont l'inspiration intime était incontestablement transactionnelle et conservatrice. Que devient, à la Chambre, le député issu de cette élection? Il devient le chef de la gauche irréconciliable, et, un an après, il trône à l'Hôtel de Ville, côte à côte avec le même homme dont il était l'antipode politique un an auparavant.

Ce n'est point ici un reproche que j'adresse à M. Jules Favre : je ferai ailleurs son dossier. Ici je note simplement les malentendus insensés du suffrage universel, sans en vouloir imputer la responsabilité à quiconque, si ce n'est à la constitution vicieuse du suffrage universel lui-même.

On me dira, je m'y attends, que les électeurs de M. Jules Favre savaient fort bien, en le nommant, ce qu'ils faisaient et qui ils nommaient, et que par conséquent ils n'ont à s'en prendre qu'à eux-mêmes si M. Jules Favre n'a pas toujours agi comme ils l'eussent désiré. Soit. Mais c'est justement là qu'est le mal. Car, la question étant posée comme elle l'était en 1869, le groupe électoral qui a déterminé le succès de M. Jules

Favre se trouvait dans cette alternative : ou de laisser nommer M. Rochefort, qui était l'homme de ses antipathies, ou de nommer M. Jules Favre, qui n'était pas l'homme de son choix. C'est-à-dire que, dans un cas comme dans l'autre, ce groupe électoral était certain de n'être pas représenté.

Veut-on, à l'inverse de l'élection de M. Jules Favre, un exemple où l'anomalie et la contradiction organiques du suffrage universel apparaissent, non plus dans la situation faite aux électeurs, mais dans la conscience même du député ? Je connais un ex-député, fort aimable homme, d'ailleurs, qui a nom M. le marquis de Piennes. M. de Piennes est libre-échangiste, et ne cache point à cet égard ses convictions. Mais M. de Piennes compte, parmi ses électeurs, les mariniers et caboteurs de Granville, qui lui ont prescrit, comme condition de leur suffrage, l'obligation de voter pour les droits protecteurs. De telle façon que voilà M. de Piennes, député à la fois de Granville et de la France tout entière, obligé de voter, pour l'intérêt de Granville, dans un sens qu'il considère comme contraire à l'intérêt de la France.

M. de Piennes peut trouver cela naturel. Moi, sans vouloir lui en faire un crime, je trouve cela énorme.

Ce sont là, dira-t-on, des accidents, des cas particuliers. Eh ! pour Dieu ! jetez donc un coup d'œil en arrière ; rappelez-vous comment se sont faites les élections depuis les origines du suffrage universel ; rappelez-vous comment était composée la Chambre qui est tombée le 4 septembre 1870, et demandez-vous de bonne foi si ce qui vous semble l'exception n'est pas la loi générale !

Un riche propriétaire, à qui sa fortune assure les moyens d'influence et d'action les plus larges, dont la générosité peut beaucoup et peut faire espérer plus encore, se présente à la députation avec l'appui du gouvernement ; il n'en faut pas davantage ; il n'a pas besoin d'être intelligent ; il est riche, et c'est du luxe s'il est honnête : il est élu.

Un avocat, bien en langue ou même fort en gueule, expert dans la gymnastique du Verbe, et que ne gêne point le bagage de la science, s'offre au suffrage des foules ; il flatte leurs instincts et leurs passions ; il n'en faut pas davantage ; il n'a pas besoin d'avoir des idées pratiques ou des vues sérieuses; il suffit qu'il séduise des intelligences obscures par des phrases éclatantes : il est élu.

Rentiers à gros sac, ou rhéteurs à thèses excessives : telles sont les seules catégories où puisse, avec le suffrage universel comme nous l'avons, se recruter le personnel de la représentation nationale.

M. Peyrusse ou M. Justin Durand, d'une part ; M. Bancel ou M. Emmanuel Arago, de l'autre : tels sont les deux types sous lesquels on peut classer, sauf d'insignifiantes nuances, tout le contingent de nos assemblées, impériales ou républicaines, depuis 1848.

Vous me dites que la nouvelle République changera tout cela? Je veux le croire, et c'est ce que j'attends d'elle ; mais elle n'y réussira que si elle change les choses, au lieu de changer seulement les mots, si elle fonde sérieusement des institutions républicaines, au lieu de se borner à supprimer un roi ou un empereur.

Transportez maintenant à l'ordre municipal ce que nous venons de dire touchant l'ordre politique.

Les résultats seront les mêmes.

Pourquoi ?

Parce que les mêmes causes ne peuvent produire que les mêmes effets. Parce que, dans la constitution actuelle du suffrage universel — constitution absurde et barbare s'il en fût jamais — un élu du suffrage universel, législateur ou administrateur, député ou conseiller municipal, ou maire, peu importe, ne peut représenter qu'un groupe électoral confus, un pêle-mêle d'ouvriers, agriculteurs, propriétaires, commerçants, industriels, citadins, campagnards ; tous gens n'ayant entre eux aucune

2

relation d'affaires, aucun intérêt commun, aucun lien de connaissance, aucune possibilité sérieuse de se concerter et de s'entendre préalablement sur les vues générales ou particulières qui président au vote qu'ils vont rendre (1).

La conséquence directe, inévitable d'un organisme aussi vicieux, c'est que le corps électoral, n'étant point sollicité par l'intérêt spécial de chaque électeur, n'étant point soutenu par l'austère sentiment de la responsabilité individuelle, demeure livré aux suggestions et aux abus de la candidature imposée (gouvernementale ou révolutionnaire); et le résultat définitif des élections ainsi faites, c'est que le Corps représentatif, soit législatif, soit municipal, n'a ni crédit moral ni assiette politique, parce qu'il est sans attaches réelles avec lé pays ou la cité.

De là, l'étrange et déplorable facilité de nos révolutions.

C'est là, me dira-t-on, la loi fatale des choses, la conséquence forcée de l'imperfection humaine.

Non, c'est simplement le résultat de notre incapacité politique, de la facilité avec laquelle nous nous payons de mots, au lieu de pénétrer jusqu'à la substance des choses.

Il n'est pas si difficile qu'on veut bien le croire de réaliser un système électoral capable de mettre en harmonie d'intérêts et de sentiments les corps électifs et la masse électorale.

Et ce problème, qui nous semble insoluble, l'histoire, dont nous négligeons trop les enseignements en France, l'a résolu plus d'une fois.

C'est ce que je veux tâcher de montrer, en m'en tenant plus spécialement ici à ce qui concerne la représentation de la cité.

---

(1) Cela n'est pas aussi rigoureusement vrai dans les petites villes que dans les grandes, et dans les cités bourgeoises que dans les cités industrielles; mais, à des degrés divers, les vices du système se retrouvent partout, et j'ai dû me préoccuper de leurs conséquences dans les grands centres principalement, parce qu'elles y sont plus redoutables.

II

J'ai dit mon sentiment sur la constitution actuelle du suffrage universel : constitution grossière et barbare, je me plais à le répéter, parce que j'espère ainsi amener à cette conviction et entraîner dans la voie de mes recherches un certain nombre d'esprits qui, frappés des inconvénients du système, n'en veulent point pourtant reconnaître les vices ; ou d'autres encore, qui, éclairés désormais sur ces vices, y cherchent un remède dans d'imprudentes réactions contre le principe même du suffrage universel.

Il me reste à dire dans quel sens, particulièrement en ce qui concerne la cité, doit être réorganisée cette grande institution du suffrage universel, qui est destinée à périr en France, si elle ne se transforme.

Il va sans dire que je ne prétends point avoir découvert la pierre philosophale de la politique. J'ai simplement lu l'histoire, la grande maîtresse de l'humanité, et j'y ai vu clairement que ce qu'il s'agit de réaliser ici a été réalisé ailleurs, avec le degré de perfection que comportaient les temps : si bien que nous n'avons, en somme, qu'à copier ce que nos devanciers ont fait, en le modifiant seulement suivant les exigences de notre époque et de notre milieu.

Ce qui a été fait et ce qu'il faut refaire, ce qui est le complément nécessaire du suffrage universel et la base rationnelle de la cité ou de la commune, c'est : la Corporation !

Voilà le grand mot lâché !

Je n'ignore point les scrupules qu'il soulève chez les ignorants et les timides, comme chez les pontifes de la déesse Révolution. Je me souviens même que, l'année dernière, dans une réunion publique tenue à l'occasion des élections générales, un brave maçon, qui portait le nom illustre de Chamillart, las d'entendre disputer et ergoter en mots creux sur ces abstractions vides de sens avec lesquelles on mène les foules, déclara net que tout cela lui était parfaitement égal, et qu'il ne voterait, lui, pour un député, que quand il pourrait y avoir un député des maçons.

Le bonhomme fut hué de la belle manière, et, au nom de la liberté de parler, on lui retira la parole. Je crains bien pourtant que, dans toute cette foule de rhéteurs en redingote ou en blouse, le citoyen Chamillart ne fût le seul qui possédât à quelque degré cette vertu primordiale de la politique, vertu qui semblerait devoir être si commune et qui est pourtant si rare : le sens des réalités.

Je ne conclurais peut-être pas, pour mon compte, d'une façon aussi absolue que le citoyen Chamillart (et cela tient peut-être uniquement à ce que je ne suis pas maçon) ; mais à part les nuances et tempéraments que la pratique peut comporter, je demeure convaincu que l'ordre d'idées où s'était placé le citoyen Chamillart est le seul vrai, le seul dans lequel on puisse chercher et trouver un système d'institutions qui traduise, en faits concrets et positifs, le vague byzantin des théories représentatives, et assure ainsi à la France une ère durable de réelle liberté.

A priori, sans en appeler à l'histoire et en se contentant du seul témoignage de la raison, on aperçoit que la corporation — non point la corporation monopoliste, immobilisée, abusive et vieillie que supprima la Constituante après que déjà Turgot l'avait supprimée, mais la corporation libre, ouverte à tous les citoyens et susceptible de toutes les transformations — on aperçoit, dis-je, que la corporation, composée d'individus réunis et groupés tout naturellement par de communs intérêts et de communes habitudes, fournit précisément la base organique de la représentation rationnelle ; c'est-à-dire que, mieux qu'aucun autre mécanisme ou procédé, si savant qu'il pût être, elle est capable d'assurer à chaque groupe électoral « le choix d'un mandataire ayant exactement les mêmes intérêts que ses mandants, placé dans les mêmes conditions sociales qu'eux, vivant dans le même milieu qu'eux et personnellement connu d'eux tous. »

Mais comme la théorie ne vaut, en toutes choses et surtout en politique, que lorsque la pratique l'a vérifiée, il n'est pas hors de propos de se rendre compte sainement, sans prévention ni parti pris, du rôle que la corporation a joué dans l'histoire des destinées sociales et des libertés politiques.

Ce rôle est immense ; et l'exposé, même purement chronologique, des fastes de la corporation, ne saurait entrer dans le cadre restreint où je veux me renfermer ici. Bornons-nous donc à faire entrevoir, par quelques indications sommaires, combien les préjugés qui ont cours contre la corporation sont mal fondés devant la justice et devant l'histoire.

Ne remontons point jusqu'aux civilisations antiques de l'Inde ou de l'Égypte. Là, la corporation, dont on pourrait nous opposer l'exemple, n'a rien de commun avec la corporation telle que nous voulons l'envisager.

La corporation égyptienne ou hindoue n'est point une corporation, mais une caste. Non-seulement l'individu n'est pas libre d'y entrer ou d'en sortir à volonté, mais la famille tout entière, la succession perpétuelle de la dynastie familiale est liée et inféodée à l'être collectif, à la caste, qui se trouve être ainsi de droit divin, et renferme par conséquent en elle-même le germe de mort des institutions qui ne peuvent se transformer.

A Athènes, au contraire, le génie grec, qui a tout réalisé ou tout entrevu de ce que peut le génie humain, institue la corporation sur sa vraie base naturelle et logique : le libre suffrage de l'individu. Solon introduit dans son Code une loi qui a pour objet formel et spécial d'autoriser *les citoyens ayant les mêmes intérêts à s'unir en corporations;* et cette loi, qui plus tard passera dans le Code romain, est considérée par le chancelier Kent comme « le point de départ des libertés municipales dans le monde (1). »

Mais Solon ne s'en tient pas là. Vivifiant la donnée abstraite de la corporation par l'obligation effective du travail, il ordonne que « chaque citoyen sera tenu d'apprendre un métier. » Et cette simple prescription doit suffire à rectifier un des partis pris le plus communément adoptés par cet esprit français que nous croyons niaisement le plus éclairé du monde, et qui est fait, presque tout entier, de formules de convention.

Il est admis, en effet, à peu près sans conteste, que les républiques antiques, dont Athènes offre le type supérieur, étaient des espèces d'aristocraties sans titres, où le citoyen ne se livrait à aucun labeur et où l'homme libre laissait aux esclaves le travail manuel et l'exercice de tous les métiers, se réservant ainsi le loisir nécessaire pour vaquer aux affaires publiques.

Or, il n'est rien de moins exact.

Aux derniers temps de la décadence, sans doute, les besoins surexcités du bien-être, la corruption et la mollesse qui résultent des longues prospérités, le nombre des esclaves toujours accru par des guerres heureuses, toutes ces causes réunies font tomber la masse du travail entre les mains serviles. Mais ce n'est point cette période d'Athènes qu'il faut prendre pour type de ses institutions et de ses mœurs politiques.

(1) Kent, *Commentaries on the American law*, I, 268; Gaïus, au *Digeste*, XLVIII, XXII, 4; Duruy, *Histoire de la Grèce*, au chapitre : Athènes et sa constitution.

Il suffit, d'ailleurs, de lire Aristophane pour se rendre compte de la part que les gens de métier avaient à Athènes dans les affaires publiques. A propos de quoi, si ce n'est à propos de leur rôle dans l'État, la verve aristocratique du prince de la comédie prend-elle à partie Méton, le géomètre des *Oiseaux?* ou Cléon le corroyeur? ou le pauvre diable de laboureur à qui la guerre civile a ravi ses bœufs et que Dicéopolis envoie pleurer plus loin? ou surtout le charcutier des *Acharnéens,* à qui Démosthène dit : « Va, tu es souverain *précisément parce que tu es charcutier, parce que tu n'es rien, que vaurien et faubourien !* »

Il est donc certain que le peuple, le peuple comme nous l'entendons dans notre langue et nos idées modernes, eut à Athènes, et dans les républiques de constitution analogue, une intervention active et considérable dans la gestion des intérêts publics ; et il n'est pas moins certain que Solon, ce vrai sage, cet esprit si juste et si pénétrant, n'eût pas édicté la loi des corporations et celle des métiers, si elles n'eussent répondu à un besoin préexistant du peuple qui l'avait spontanément choisi pour législateur ; en un mot, il est certain qu'en dépit des instincts d'individualisme prédominants dans la race grecque, la loi des corporations ne demeura point lettre morte, et que les associations formées en vertu de cette loi furent, dans plus d'un cas, l'élément principal des agitations ou des transformations politiques de la cité d'Athènes.

Un témoignage manifeste, d'ailleurs, de la vitalité que garda, dans Athènes, la loi des corporations, c'est qu'elle ait été reproduite, et, selon toute apparence, copiée, à Rome, dans la loi *De collegiis et corporibus.* Mais à Rome, cette institution prend un essor plus marqué, plus irrécusable encore et qui doit laisser des traces plus profondes. L'esprit romain est moins personnel que l'esprit grec ; moins original et moins brillant, il est aussi plus disciplinable, et l'association est là sur son véritable terrain. Elle y fleurit de bonne heure. Bien avant la loi

De collegiis et corporibus, une loi de Numa ébauche le régime des corporations. La loi des Centuries elle-même, qui distribue les citoyens en *classes* d'après la fortune de chacun, n'est pas autre chose qu'une loi constitutive de corporations, car elle a pour objet de réunir en un même groupe politique les individus qui sont supposés avoir les mêmes intérêts civils.

Ce fut même par là que cette loi, malgré son apparente partialité pour les centuries riches, valut à Servius Tullius la faveur passionnée du peuple. Il n'importait pas absolument, en effet, au principe démocratique, que les citoyens riches comptassent 98 centuries, composées chacune d'un petit nombre de membres, tandis que les citoyens moins aisés, quoique beaucoup plus nombreux, ne formaient à eux tous que 93 centuries. Telle qu'elle était, et bien qu'elle assurât, dans la pratique, la majorité aux classes fortunées, la loi n'en abolissait pas moins le privilége politique dont les *gentes* patriciennes avaient été seules en possession jusque-là ; et à la place de ce privilége déchu, elle érigeait implicitement cet ordre nouveau : que, sauf des questions de nombre, questions accidentelles et variables, tous les citoyens étaient égaux entre eux et devaient se répartir en groupes à raison de l'identité de leurs intérêts. C'est là l'essence de la corporation, le vrai principe de l'égalité ; non point de l'égalité brutale et oppressive, telle que nous la feraient les traditions triomphantes de 93, mais de l'égalité philosophique, telle que l'entend Aristote, et qui tient compte des inégalités natives, non pour les violer, mais pour les harmoniser.

Aussi, avec la loi des Centuries de Servius Tullius, le droit de la démocratie est affirmé dans Rome. Son avénement dans les faits n'est plus qu'une question de temps, et son organisation ultérieure n'est plus qu'une affaire de dénominations ou de chiffres. La division en tribus pourra venir, elle ne sera point la négation du principe corporatif des centuries; elle n'en sera, au contraire, qu'un développement et une application nouvelle ; car on verra la constitution rationnelle de la corporation se cher-

cher elle-même en prenant pour base primordiale la division
des citoyens en citadins et campagnards ; et, dans l'enceinte
même de la cité, on verra la population se grouper et se répartir suivant ses affinités sociales et professionnelles (1) : si bien
que Rome, partagée en régions, se trouvera, précisément par là
même, partagée en autant de grandes corporations industrielles,
dont la trace et la mémoire subsistent encore aujourd'hui, à
Rome comme partout en Italie, dans les appellations, reli-
gieusement conservées, des vieilles rues et des vieux quartiers.

Constituée avec l'énergie propre à tout ce qu'a créé le génie
romain, la corporation résiste à toutes les variations de la fortune de Rome ; elle ne succombe pas avec la République ; elle
se perpétue, en se transformant, jusqu'aux derniers temps de
l'Empire ; et c'est des « colléges » romains que sont nées directement nos corporations de métiers du moyen âge.

Je n'entreprendrai pas d'analyser ici l'histoire de ces dernières, histoire trop peu connue, malgré les importants travaux
par lesquels d'excellents esprits se sont appliqués récemment à
la vulgariser (2). Je n'entrerai même pas dans le sujet, qui
m'entraînerait forcément trop loin. Je me bornerai à remarquer
que la corporation du moyen âge, telle qu'elle se constitue et
se développe en France, revêt un caractère encore plus actif,
une fonction plus militante que dans l'antiquité. Dans l'antiquité, la corporation est le fond des institutions, le mode régu-
lier de la liberté municipale ; dans la France du moyen âge,

---

(1) Il faudrait répéter ici ce qui a été dit plus haut touchant ce commun préjugé : que les populations libres des cités antiques n'exerçaient
point par elles-mêmes de profession, et se réservaient exclusivement pour
la politique ou la guerre.

(2) Voir surtout les ouvrages de MM. Ouin-Lacroix, Du Cellier et Levas-
seur sur l'*Histoire des corporations et des classes laborieuses en France*.

elle est l'arme même de la liberté, le moyen d'affranchissement de l'opprimé contre le maître.

C'est par la corporation que le peuple des cités se constitue en force contre l'outre-puissance féodale ; c'est par l'élection des échevins, jurés et prudhommes de la corporation, que la bourgeoisie naissante s'élève à la conception et à la pratique ultérieure du système représentatif ; c'est par les devoirs rigoureux et quelquefois farouches du « compagnonnage, » que l'ouvrier s'initie à l'esprit de solidarité, à ce dévouement envers tous qui est, dans toute société politique, la vraie et unique sauvegarde du droit de chacun.

Plus tard, il est vrai, la corporation s'altérera et deviendra exclusive. Cela ne vient point d'un vice inhérent au principe même de la corporation ; cela tient à des circonstances ou à des concomitances diverses ; cela tient surtout à ce que la corporation, forcée de se constituer en arme de guerre, gagne fatalement quelque chose du mal qu'elle veut détruire, et s'organise, comme la féodalité, en forteresse close.

Ailleurs qu'en France, là où le groupe populaire, représenté par la corporation, n'a point affaire à un faisceau féodal aussi résistant, la fortune de la corporation est différente. Là, son développement est plus libre, plus spontané, et la formule politique qui en ressort est, si l'on peut ainsi dire, plus scientifique. C'est dans les communes italiennes, c'est à Florence surtout, qu'on suit avec intérêt la formation de la corporation et son œuvre politique. Là les corporations ne sont pas seulement des associations ouvrières ; on y voit, à côté des « Arts mineurs » des bouchers, des boulangers ou des forgerons, les « Arts majeurs » des médecins, des juges et des notaires : c'est-à-dire que le système des corporations a tenté d'étreindre dans une synthèse complète toutes les forces agissantes de la cité, manuelles ou intellectuelles ; c'est-à-dire que la corporation embrasse tout le corps social, qu'elle en est l'organisme même.

C'est donc là qu'on peut le mieux reconnaître et observer la fonction politique des corporations. C'est là qu'on peut trouver des enseignements féconds et des précédents utiles pour la reconstitution moderne des corporations, ou, à parler plus exactement, pour la détermination de leur rôle futur; car les corporations, sans qu'elles en aient encore nettement conscience, sont déjà reconstituées en France, ou du moins à Paris.

L'assertion peut paraître hardie, et vaut la peine qu'on s'y arrête.

III

J'ai dit et prouvé que la corporation avait été le grand ressort de la cité antique et de la commune du moyen âge, et j'ai ajouté que la corporation était si bien le mécanisme rationnel des libertés populaires, la forme logique du suffrage universel, qu'elle tend à se reconstituer en France, quoique sans avoir encore conscience de la grande fonction qu'elle est appelée à y remplir.

Il existe, en effet, tout près de nous, dans la bourgeoisie française (1), dans la bourgeoisie parisienne, un groupe considérable

---

(1) Je ne parle ici que des syndicats *bourgeois*, parce que ce sont les seuls avec qui je me sois trouvé en contact, mais je n'ignore pas qu'il existe aussi des syndicats *ouvriers*, dont le nombre va croissant et dont l'organisation se perfectionnera sans doute; et je n'exclus pas, bien entendu, des droits et des bénéfices politiques de la corporation, ces groupes d'ouvriers, qui sont au contraire, à mes yeux, l'élément essentiel, la souche-mère du régime corporatif.

d'hommes, réunis et distribués dans le cadre d'une institution qui contient en germe toute la réforme future du système représentatif et qui, dès aujourd'hui, fournit à ses membres, pour peu qu'ils le veuillent, le pouvoir d'intervenir efficacement dans les affaires publiques. Je veux parler des Syndicats industriels et commerciaux, qui se sont reliés entre eux dans une sorte d'association, sous le titre de : L'*Union nationale du commerce et de l'industrie.*

Grâce à ces syndicats, en effet, les industriels et commerçants de Paris se trouvent entre eux en rapports assidus ; ils sont ainsi en situation d'étudier leurs communs intérêts ; et par là même aussi, ils sont en mesure de choisir, pour représenter ces intérêts, des personnes qui soient à la fois dignes et capables de cette grave mission.

Ces possibilités ont déjà leur champ d'application dans les élections commerciales, où les syndicats, à peine formés, ont rapidement acquis une influence prépondérante. Déjà le tribunal de commerce parisien n'est presque plus qu'une émanation des syndicats. Il faut que, de ce terrain étroit, l'action des syndicats s'étende à celui de la politique. Il faut que les syndicats, même dans leur constitution encore élémentaire, sachent utiliser, au profit de la chose publique, les grands moyens d'action dont ils disposent sans qu'ils paraissent le savoir : la force de l'esprit de corps, l'étendue et la multiplicité des relations personnelles, l'autorité qui résulte du nombre, l'influence qui procède de l'intelligence, le crédit que procurent les situations honorablement acquises, l'unité de vues qu'engendre la communauté des intérêts.

En mettant en œuvre toutes ces ressources, les syndicats peuvent prendre un rôle considérable dans les événements inconnus qui s'apprêtent ; déterminer le courant général qui manque à l'opinion, morcelée et désagrégée ; intervenir efficacement dans les élections politiques et, par là, dans les conseils du gouvernement ; contribuer à assurer dans Paris, et dans la nation tout entière, l'ordre et la sécurité qui sont les conditions essentielles de toute vie sociale ; préparer enfin le jour, dès longtemps attendu, où succédera à la politique violente des coups d'État et à la politique stérile des coups de langue, la politique paisible et féconde du travail.

Au début des difficultés diplomatiqnes de 1870, lorsque je vis venir les graves événements qui depuis lors se sont accomplis, je voulus tenter de faire sentir aux syndicats cette importance des forces dont ils disposent et de la puissance qu'ils pourraient conquérir à un moment donné, s'ils voulaient ne point borner leurs vues à de simples intérêts de boutique. Je n'y réussis point, comme de juste : il est dans la nature des hommes, et particulièrement des Français — le peuple le plus routinier de la terre — de n'agir que lorsqu'ils sont pris au collet par la nécessité.

Quelques honorables membres des syndicats, à qui je suis heureux de pouvoir payer ici un tribut de reconnaissance, voulurent bien seconder ma tentative d'initiation (1). Mais la masse demeura inerte. Les uns, comme de juste encore, me tinrent discrètement pour un intrigant qui voulait les exploiter : car c'est aussi une des vertus du Français, de ne croire que difficilement au désintéressement, des idées et à la probité des hommes.

D'autres me donnèrent poliment à entendre que j'étais un rêveur dépourvu de sens pratique, et qu'il n'en pouvait être

---

(1) Je puis citer, entre autres, MM. Lhuillier et Jules Maumy, Hiélard et Nottelle. MM. Hiélard et Nottelle avaient déjà tenté vainement d'introduire la politique dans les délibérations des syndicats; MM. Maumy et Lhuillier avaient pris une part considérable aux élections politiques de la ville de Paris en 1870.

autrement, puisque je n'avais pas l'heur de fabriquer des sommiers élastiques ou de vendre de l'onguent gris. La plupart me déclarèrent tout net que les syndicats commerciaux ne voulaient point se mêler de politique, et tomberaient en décomposition s'ils ouvraient la porte à d'autres sujets de controverse qu'aux stricts intérêts de métier.

Ce fut le seul ordre d'objections ou de scrupules que je daignai tenter de réfuter.

Je fis observer à ces Messieurs que les intérêts de métier, étant à la fois ceux de l'individu, ceux du groupe, et même ceux de la société, qui consomme ce que le métier produit, se trouvent par là même être précisément la base essentielle de la politique, qui ne vit point, comme la philosophie, de pures idéalités; que cette manie de placer la politique en dehors des intérêts positifs était précisément l'une des causes de nos agitations douloureuses, de nos révolutions répétées et stériles; qu'il était temps enfin d'arracher la direction des affaires publiques aux faiseurs de thèses, aux abstracteurs de quintessence, aux avocats de l'absolu, et de clore le règne pompeux de la déclamation par l'avénement sévère des réalités.

Je leur fis remarquer aussi que leur erreur était grande, de croire que les corporations — et les syndicats ne sont pas autre chose — puissent, en s'excluant de la politique, conquérir une importance sérieuse, même au point de vue strictement économique. Je m'appliquai à leur prouver que la richesse des corporations est étroitement liée au rôle politique qu'elles jouent dans l'Etat, ou tout au moins dans la Cité. Je leur montrai partout, dans les cités antiques comme dans les communes du moyen âge, l'accroissement de la richesse des corporations suivant pas à pas leur fortune politique, qui n'est pas autre elle-même que la fortune de la liberté. Je leur montrai Rome grandissante, en opulence comme en pouvoir, tant que la population y conserve son antique organisme des centuries et des tribus,

puis tombant dans la décadence économique et politique tout
ensemble, à mesure que, le droit de cité s'étendant progressive-
ment aux provinces, la vitalité des anciennes catégories ou corporations civiques va s'affaiblissant; jusqu'au jour où le morcel-
lement de toute la masse romaine en individualités isolées et
incohérentes, livre dans Rome — exactement comme il devait
arriver plus tard en France — la fortune et la liberté publiques
aux entreprises de l'Empire, qui, à Rome comme en France,
ne commettait pas d'autre crime que d'hériter des institutions
mortes. Je leur montrai la cité de Florence, aussi puissante dans
le monde d'Occident que les plus puissantes monarchies, tant
que la liberté y règne avec les « arts majeurs et mineurs; »
puis la richesse et la liberté florentines s'abîmant ensemble
lorsque Charles-Quint rétablit définitivement la puissance absolue des Médicis, c'est-à-dire précisément lorsque les corporations, vieillies et décrépites, ont disparu de la scène publique,
laissant les affaires aller au hasard d'une démagogie orageuse
et confuse (1).

Prenant un exemple plus saisissant encore parce qu'il répond
mieux à la notion moderne de l'État, je leur montrai l'affranchissement de la bourgeoisie et du travail s'opérant discrètement en Angleterre par l'introduction, encore bien incomplète
et cependant déjà si efficace, du régime des corporations dans
le système représentatif. J'essayai de les convaincre que les
conquêtes faites par l'esprit démocratique anglais sur le parle-
mentarisme oligarchique qui avait pour base la possession féodale du sol, sont dues pour beaucoup à l'élément corporatif,
introduit dans la Chambre des communes avec les députés des

----

(1) La restauration absolutiste des Médicis à Florence est de 1530; et
les corporations, dont l'existence n'était plus guère que nominale depuis
plus d'un demi-siècle, sont formellement supprimées en 1532.

freeholders ou libres tenanciers, des Universités et des villes industrielles.

Je leur montrai partout, en un mot, la prospérité économique des corporations inséparable de leur importance politique, et leur importance politique inséparable de la liberté.

Tout cela, je l'avoue à ma confusion, ne servit pas à grand'-chose ; et je n'en fus point surpris, sachant bien que les enseignements de l'histoire ne sont pas de ceux qui ont grand crédit en notre bon pays de France. Mais la force des événements, qui est la seule leçon dont notre esprit imprévoyant puisse tirer quelque profit, a déjà, si je ne me trompe, commencé de me venger. Je tiens de bonne source que les syndicats industriels et commerciaux, sans s'être publiquement constitués en corps politiques, ne sont point cependant demeurés absolument étrangers aux élections ou aux votes divers de 1870, et que les relations de personnes ou d'intérêts créées par ces syndicats n'ont pas été sans influence sur le choix et le succès des candidatures. Plus tard, et ce sera bientôt, les syndicats, qu'ils le veuillent ou non, feront bien davantage : je les assigne, sans plus de délai, aux prochaines élections municipales ou politiques (1).

---

(1) Ces élections ont eu lieu, en février 1871, pour l'Assemblée nationale, et elles ont pleinement confirmé mes prévisions. Les syndicats ont tenté, quoique vainement encore, d'y exercer une action dirigeante. On y a vu de plus — par une réaction encore inconsciente, mais néanmoins parfaitement nette, contre l'inepte scrutin de liste — on y a vu, dis-je, des Comités électoraux, notamment le *Comité patriotique* et le *Comité central républicain*, classer leurs candidats PAR ORDRE DE PROFESSIONS, en s'appliquant, autant que possible, à les embrasser toutes. C'est-à-dire que ces Comités ont fait de la corporation sans le savoir, et qu'ils ont pratiqué, à l'état empirique et accidentel, ce qu'il s'agit de réaliser suivant des règles rationnelles et permanentes.

J'ajoute, en ce qui concerne les syndicats, qu'à l'heure même où nous sommes, ils discutent et agissent en vue d'une intervention dans le conflit entre l'Assemblée nationale et la Commune de Paris. Il y a loin de

Pour quiconque, d'ailleurs, a coutume de fouiller les choses par-delà les apparences, l'idée de la corporation apparaît et s'agite déjà, en germe confus, au fond des élections municipales qui ont suivi, à Paris, le vote du 3 novembre. Dans les quartiers de mouvement industriel et commercial, comme le deuxième et le troisième arrondissement, on a vu se porter et réussir des commerçants : MM. Adam, Méline, Brelay. Dans le faubourg Saint-Germain, pays d'humeur placide et de fortunes assises, le suffrage a désigné des écrivains, des professeurs, des rentiers, des avocats : M. Arnaud de (l'Ariége), M. Hortus, M. Bellaigue, M. Dargent. Dans les quartiers où prévaut l'élément peuple proprement dit, celui que M. Thiers appelait « la vile multitude » au temps où M. Jules Favre n'avait pas encore décrété qu' « il n'y a pas de populace, » l'élection n'a point encore fait surgir des ouvriers; elle a adopté des agitateurs, MM. Millière, ou Flourens, ou Mottu, parce que les masses peu éclairées ont l'instinct de leurs intérêts plus qu'elles n'en ont la logique; mais lorsque la stérilité du rôle de ces agitateurs se sera clairement révélée par les faits, la lumière se fera pour ces masses elles-mêmes, et elles en viendront à choisir leurs mandataires parmi ceux que lie étroitement à elles la communauté des travaux et des habitudes, des aspirations et des souffrances (1).

Quand la lumière sera faite dans tous les esprits, ce sera l'avénement de la corporation.

---

tout cela au parti pris si rigoureux de ne point se mêler de politique. (*Note ajoutée en mars* 1871.)

(1) Cette prévision encore a été confirmée par l'événement. Le mouvement de mars, laissant en arrière MM. Millière, Flourens et Mottu, a placé à la tête de la révolution communale des hommes qui tiennent de plus près aux classes laborieuses. Aussi je ne crains pas d'affirmer que si « la Commune » de Paris, née si brusquement et si hâtivement, parvient à vivre, la corporation sera le premier fruit qui naîtra de ses convulsions futures. (*Note ajoutée en mars* 1871.)

Et ce jour-là marquera tout ensemble et le point de départ de
notre rénovation nationale, et la fin de nos déchirements sociaux :

Le point de départ de notre rénovation nationale, parce qu'à
la place de l'affreux chaos qui règne aujourd'hui dans les idées
comme dans les choses, à la place des abstractions vides et
sonores qui nous mènent encore après tant et de si dures
leçons de l'expérience, la corporation viendra inaugurer, enfin,
la pratique réelle et sérieuse du régime représentatif;

La fin de nos déchirements sociaux, parce que, du jour où
sera appliquée la théorie rationnelle de la représentation, tous
les intérêts, ayant désormais voix au chapitre, chercheront tout
naturellement dans les voies légales la loi de leur conciliation,
au lieu de recourir à la force ou aux surprises qui, depuis
quatre-vingts ans, ont si souvent et si vainement bouleversé le
sol et la fortune de la France.

IV

En montrant quels furent l'importance et le rôle de la corporation dans la Cité antique et dans la Commune du moyen âge,
j'ai prétendu indiquer, dans ce travail, sur quelles bases légales
et rationnelles doit être reconstituée la Commune moderne.

Prenons pour exemple, puisque la situation le veut, Paris et
ses vingt arrondissements : ce qui sera possible à Paris, c'est-à-
dire dans le milieu le plus complexe et le plus difficile, sera
d'autant plus aisément réalisable ailleurs.

Nous avons déjà noté, à l'occasion des élections municipales
de novembre 1870, que, même en l'état incertain et troublé de

nos institutions, le principe rationnel de la corporation s'est manifesté instinctivement, d'une façon confuse, mais néanmoins très-appréciable, par le choix de personnages dont les habitudes et la profession correspondent, plus ou moins exactement, à la profession et aux habitudes dominantes dans chaque circonscription électorale.

Supposons cette aspiration vague érigée en système et pouvant s'exprimer par un mécanisme électoral précis. Supposons que, dans chacun des vingt arrondissements de Paris, la population soit distribuée en un nombre donné de groupes (nombre mobile et variable par chaque arrondissement), dont chacun serait composé de gens exerçant la même profession, ou au moins des professions assez analogues entre elles pour qu'elles puissent être considérées comme ayant les mêmes intérêts. Et il est bien entendu que l'État n'interviendra en rien dans la constitution de ces groupes; qu'ils se formeront d'eux-mêmes, librement et spontanément, suivant la loi de leurs affinités respectives; qu'ils n'auront à remplir, pour avoir droit de représentation, d'autre condition légale que d'atteindre à un certain chiffre d'adhérents; qu'enfin nul citoyen ne sera considéré, quant à l'exercice de ses droits publics, comme lié à son groupe par des attaches qui puissent gêner sa liberté de vote ou d'action, et le confiner, à perpétuité, dans telle ou telle condition sociale. La corporation, telle que nous l'envisageons ici, c'est-à-dire comme organisme politique et en dehors de toutes conventions privées, n'est pas autre chose, pour nous, qu'un collége électoral essentiellement mobile.

Cela posé, admettons, si l'on veut, par une évaluation tout à fait arbitraire, qu'il y ait trente de ces colléges par chaque arrondissement : — la Commune de Florence, qui n'était guère plus populeuse que tel de nos arrondissements de Paris, comptait, au XIVe siècle, sept arts majeurs et quatorze arts mineurs, en tout vingt et un; mais on peut considérer que les progrès de l'industrie moderne, la division du travail qui leur est corrélative, la répartition analogue qui s'est faite dans l'ordre des fonctions et professions dites libérales, toutes ces causes et d'autres encore ont dû accroître d'un tiers environ, par rapport à cette époque, le nombre des droits professionnels qui peuvent aujourd'hui prétendre à être représentés.

Voilà donc trente corporations qui, chacune agissant à part et pour son compte, se constituent en autant de corps électoraux, se réunissent et se concertent à ce titre, et, à un jour donné, choisissent chacune un mandataire chargé de défendre, dans un conseil commun, les intérêts spéciaux de la corporation, qui seront ceux de l'élu comme ceux des électeurs.

Les trente mandataires, ainsi élus dans chaque arrondissement, formeront le conseil civique de l'arrondissement et choisiront eux-mêmes, parmi eux ou en dehors d'eux selon leur gré, et pour un délai dont il y aurait lieu de discuter la durée, les magistrats que nous appelons maire et adjoints, c'est-à-dire le pouvoir exécutif de l'arrondissement.

Je dis que ces magistrats seront choisis par le conseil de l'arrondissement et non par le suffrage direct des corporations; et c'est là l'application spéciale d'un principe selon moi général, vrai pour l'État comme pour la Cité, à savoir : que les agents exécutifs, magistrats d'ordre neutre et dont le rôle doit se renfermer dans la stricte application de la loi, ne doivent jamais être désignés directement par le peuple, afin qu'ils ne puissent emprunter à l'entraînement des sympathies populaires un prestige personnel capable de tourner au détriment de la loi (1). Les républiques italiennes du moyen âge avaient parfaitement pressenti et prévenu ce danger, en faisant élire, par les Sei-

---

(1) C'est ici un principe absolu, en son sens rationnel, mais dont les circonstances peuvent, dans une certaine mesure, tempérer l'application, ainsi que je m'en expliquerai en traitant de l'État.

gneuries, des *podestà* qui ne fussent point de la ville; et, de même, la Constitution fédérale des États–Unis dispose que les électeurs désignés pour nommer le président « voteront au scrutin pour deux individus, dont un au moins ne sera pas habitant du même État qu'eux. »

Pour les mêmes causes, les pouvoirs exécutifs ne doivent pas être laissés aux mains des mêmes hommes pour une durée trop longue; et les intérêts collectifs n'auront point à souffrir d'un changement fréquent de personnes, lorsque la répartition des citoyens en groupes homogènes aura introduit, dans la gestion de ces intérêts, des règles précises et des traditions faciles à transmettre.

Aucune de ces fonctions municipales ne doit être, en principe, gratuite.

Chaque corporation vote un fonds à l'usage de son délégué.

Le conseil civique de l'arrondissement alloue, s'il y a lieu, un appoint spécial aux agents exécutifs.

Ainsi se trouve constituée la représentation élective de chaque arrondissement : à trente membres par chaque arrondissement, cela fait six cents membres pour les vingt arrondissements qui forment ensemble la ville de Paris (1).

Il reste à constituer la représentation centrale de la Commune.

A cet effet, admettons que, par delà le cadre spécial de l'arrondissement, la corporation s'étende à la cité tout entière, c'est-à-dire que chaque citoyen de chaque groupe corporatif

---

(1) A Florence, le personnel du « Grand-Conseil » atteignit jusqu'à 2,500 membres : ce qui était d'ailleurs excessif, et fut à la fois un des symptômes et une des causes de la décadence de la République.

puisse se faire inscrire et voter deux fois : d'abord pour l'élection spéciale de l'arrondissement et ensuite pour l'élection générale de la cité. Le conseil général de la cité, qui se composera, si l'on veut, de quatre-vingts membres, sera ainsi nommé par le corps électoral tout entier, mais suivant ce principe, — qui est précisément tout le contraire et du scrutin de liste et du deuxième degré, deux idées également fausses et pourtant prédominantes dans nos traditions et nos instincts français, — que : *chaque citoyen votera pour un seul membre, et ne pourra voter que pour l'un des 600 membres précédemment désignés pour composer les vingt conseils d'arrondissement.*

C'est là, si je ne me trompe, un mode électoral tout à fait neuf, et dont la pratique serait, je crois, féconde, parce que la théorie en est fondée et sur la nature même des choses et sur les instincts démocratiques propres au peuple français.

Que l'on compare, en effet, ce système au scrutin de liste et au deuxième degré.

Le scrutin de liste, dont les hommes de septembre ont exhumé le vieux principe, a pour résultat réel de restreindre le droit électoral de l'individu, sous couleur de l'élargir. Il est certain que si, au lieu d'avoir à voter pour un seul candidat, j'ai à voter pour plusieurs, mon choix se trouve embarrassé d'autant, et ma liberté, par conséquent, diminuée. Il est bien vrai que je puis toujours porter sur ma liste le candidat que je connais le mieux, qui me tient de plus près et qui, selon moi, me représentera le plus exactement : oui, mais ce candidat de mon choix aura d'autant moins de chances de réussir qu'il se trouvera avoir affaire à plus de concurrents recommandés par les brasseurs d'intrigues électorales. S'il y a, par exemple, vingt députés ou délégués à élire pour une assemblée quelconque, le nom du candidat que je voudrais faire réussir se trouvera combiné, de quarante ou cinquante façons diverses, avec dix-neuf autres noms, et il aura ainsi quarante ou cinquante fois moins de chances de succès que si sa candidature s'était posée isolément dans un cercle électoral restreint et sur des principes nettement définis. Il est vrai encore que j'ai, pour faire réussir le candidat de mon choix, la ressource de choisir un candidat dont la notoriété, méritée ou non, domine de beaucoup celle des autres, et qui puisse, à ce titre, se faire admettre sur la plupart des listes ; mais si ce candidat n'est point celui de mes sympathies, la prétendue liberté de mon choix se trouve réduite à choisir précisément l'homme que je ne voudrais pas. D'ailleurs, vous ne me demandez pas d'élire un seul mandataire ; vous me demandez d'en élire vingt, et, si je suis un électeur obscur, une unité de la foule, c'est à peine si je connais un personnage ou deux que je puisse désigner ; si bien que, pour les dix-huit ou dix-neuf autres, je voterai à l'aveuglette : le pays ensuite s'arrangera comme il pourra. Si, au contraire, je suis un citoyen considérable, un électeur influent, je trouverai moyen de procurer des voix au candidat de mes préférences, en donnant ou promettant ma voix à d'autres candidats dont je ne me soucie point. C'est-à-dire qu'en somme, et alors surtout qu'il s'agit d'élections politiques, la plupart des listes de candidats ne sont, pour quiconque ne veut pas se mentir à soi-même, que le produit de pitoyables coalitions d'intérêts ou de principes, coalitions dont les électeurs se trouvent être, sciemment ou sans le savoir, les instruments passifs et servils.

Ajoutons ceci encore : que les prêtres et fidèles du scrutin de liste sont plaisants au premier chef lorsqu'ils traitent de réactionnaires les partisans du second degré. Lorsqu'en effet il arrive, comme aux élections de février pour l'Assemblée nationale, que 500,000 électeurs, plus ou moins, sont mis en demeure de voter pour 43 députés, il advient, du même coup, que ces 500,000 électeurs, ne sachant par quel bout s'y prendre pour un choix aussi compliqué, acceptent toutes faites les listes proposées par un certain nombre de Comités, lesquels se sont institués, de leur propre initiative, électeurs du premier degré.

C'est-à-dire qu'en réalité, le scrutin de liste n'est pas autre chose qu'un second degré hypocritement travesti, un second degré qui a les inconvénients du second degré proprement dit, sans en avoir les avantages. Car, dans le second degré proprement dit, les électeurs du second degré sont du moins désignés par les électeurs primaires, qui exercent ainsi une influence efficace sur le résultat définitif des élections ; tandis qu'avec le scrutin de liste, la masse électorale, dépouillée de toute action propre, n'intervient dans les élections que pour enregistrer l'œuvre des Comités et, le plus souvent, ratifier leurs intrigues.

Telle est, à la voir de près et dans la pratique des choses, la glorieuse institution républicaine du scrutin de liste.

Au contraire, le vote d'un seul électeur pour un seul candidat, en permettant à l'électeur de choisir son candidat selon la loi stricte de ses convictions et de ses préférences, respecte et garantit pleinement la liberté électorale de l'individu.

Quant au droit collectif des majorités, il est, dans le système que je propose, mieux assuré que dans aucun autre, par la faculté que se trouvent avoir tous les individus, groupés en corporations, de se réunir et de s'entendre sur le choix de communs candidats.

Enfin, le droit des minorités, dont on s'est tant préoccupé dans ces dernières années, en France, en Angleterre et ailleurs, ne saurait être mieux protégé que par le système corporatif ; d'abord parce que la corporation, en rapprochant les uns des autres les citoyens qui se trouvent avoir le même intérêt social, a précisément pour effet de réunir, en forces numériques efficaces, les éléments aujourd'hui livrés à l'impuissance qui résulte de l'éparpillement des individualités ; ensuite, parce que, la base de la corporation, telle que nous l'envisageons, étant le libre arbitre de l'individu, rien n'empêche les citoyens qui, dans une corporation donnée, ne seraient point en accord avec la majorité, de se séparer d'elle et de se constituer en un groupe spécial, qui aurait lui-même son droit représentatif, dès qu'il aurait une importance numérique suffisante.

Ainsi le vote de « un pour un », combiné avec la corporation, est, selon moi, la vraie théorie scientifique du droit électoral, par opposition au procédé absurde du scrutin de liste, ou même au vote par circonscription.

J'ai dit en outre que ce même vote, combiné avec l'obligation de choisir les membres de l'assemblée générale parmi les membres déjà élus des conseils d'arrondissement, résout à merveille la question tant et si vainement agitée par les partisans du second degré. C'est, en réalité, un second degré que je propose, mais un second degré renversé; un second degré qui ne viole point, au profit des ambitions ou des vanités bourgeoises, ce sentiment de l'égalité, si profondément empreint dans la conscience française; un second degré qui, au lieu de constituer une délégation privilégiée au profit des élus du premier degré, garde, dans le suffrage universel lui-même, sa base large et démocratique. Ce sera, comme le désirent les partisans du second degré, un véritable triage; seulement ce triage sera opéré par la masse électorale elle-même, qui aura fourni, par ses premiers choix, les éléments sur lesquels elle viendra exercer une seconde fois sa faculté d'option.

Dira-t-on que la liberté électorale sera mal à propos restreinte par la limitation du nombre des candidats? Mais cette limitation ne saurait nuire ni aux éligibles, qui auront eu toutes les facilités de se produire dans les élections du premier degré, ni aux électeurs, puisque, ainsi que je viens de le montrer, le régime corporatif du premier degré assure, mieux que ne pourrait faire aucune autre combinaison, le droit des majorités, des minorités et de l'individu. Seulement, ce qui disparaîtrait par la *délimitation* du droit électoral, c'en serait l'abus, tel que l'envisagent et voudraient l'extirper, non sans raison, les partisans du second degré. Les populations électorales, en effet, ne pourraient plus être menées, par bandes ignares et confuses, à la suite d'un Démosthène de carrefour ou d'un Crésus imbécile; leurs choix, actuellement si incertains et si obscurs, seraient sûrs et éclairés, puisqu'ils ne pourraient plus se porter que sur des hommes qu'elles auraient appelés elles-mêmes, d'après la connaissance qu'elles auraient de leurs aptitudes et de leurs capacités, à se produire et à se révéler par la pratique des affaires (1); enfin, les engouements populaires, dont il n'y a que trop lieu de se défier en l'état présent des choses, seraient tenus en échec par la répartition fondamentale du corps électoral : car chaque corporation, s'attachant à son mandataire spécial, se tiendrait tout naturellement sur la réserve vis-à-vis de ces candidatures universelles qui ne représentent que des passions et non des intérêts; et pour tout faire entendre en un mot, les hommes qui passent pour être aujourd'hui les agents révolutionnaires de l'*Internationale*, ne pourraient plus être que les représentants légaux et pacifiques d'une corporation.

Les quatre-vingts membres du Grand-Conseil communal, une fois élus, nommeraient, selon la règle que j'ai posée à propos des conseils d'arrondissement, les agents du pouvoir exécutif pour la cité tout entière ; et le corps électif institué d'après ces principes, — qui ne sont point, je le répète, applicables seulement à la Cité, mais émanent de la nature même des choses et constituent, par conséquent, la loi organique de l'État représentatif, – exprimerait, sans conteste possible, la notion idéale de la représentation, telle que nous l'avons définie, puisqu'il se composerait « de mandataires ayant les mêmes intérêts que leurs mandants, placés dans les mêmes conditions sociales qu'eux, vivant dans le même milieu qu'eux, et personnellement connus d'eux tous ou du moins à portée d'être connus d'eux tous. »

---

(1) Il suffirait, pour cela, d'établir un système de roulement par lequel les élections générales viendraient un certain temps, six mois, par exemple, après les élections d'arrondissement.

Je connais bien les objections que me fera la routine, les ayant déjà rencontrées.

Votre système, me dira-t-on, est praticable dans une grande ville comme Paris, ou dans tout autre centre industriel et commercial dont la population se répartit tout naturellement en corporations professionnelles ; mais les mêmes institutions n'auront plus ni la même valeur ni les mêmes facilités d'application dans une ville de rentiers ou dans une commune de paysans.

Eh ! certes, je le sais ! On en sera quitte pour modifier les institutions suivant les milieux, voilà tout ; et l'élasticité du système est précisément ce qui en fait l'excellence. Il faut être, comme nous le sommes, entichés de l'absolu, pour s'imaginer que les mêmes lois doivent régir, dans tous les détails, toutes les affaires d'un pays sur toute sa surface ; et l'histoire prendra un jour en grande pitié les petits grands hommes qui, pour le plaisir de chicaner M. Haussmann ou en vue de lui monter sur les épaules, ont, pendant vingt ans, réclamé pour Paris, au naïf applaudissement des bons Parisiens, le droit d'être administrés de la même façon que Pontoise ou Noisy-le-Sec (1).

Que le suffrage par corporations, c'est-à-dire par groupes de gens ayant les mêmes intérêts, soit substitué au suffrage par masses confuses et hétérogènes : voilà le principe naturel.

Que, cela une fois posé, chaque commune, chaque cité, chaque région, industrielle ou commerciale, s'organise et s'administre à son gré et comme il convient le mieux à ses intérêts : voilà le principe libéral.

Qu'au-dessus de la commune, de la cité, ou même de la

---

(1) J'étudierai de plus près cette question des Communes d'importance secondaire, urbaines ou rurales, en traitant, dans un autre travail, de la reconstitution de la province.

région, l'État entretienne et conserve, sur certains points généraux que ce n'est point le lieu d'envisager ici, l'unité de la
législation nationale : voilà le principe politique.

L'Angleterre, dont nous nous obstinons à ne copier que les
institutions parlementaires, c'est-à-dire les seules précisément
qui ne soient pas applicables chez nous (1), l'Angleterre, où
cohabitent les régimes si divers du comté rural et de la cité
industrielle, nous offre, sur toute la série de ces intérêts et de
ces rapports, de précieux exemples à imiter. Mais, en imitant
l'Angleterre, nous pouvons faire mieux qu'elle ; et nous le pouvons surtout par une application plus large du régime des corporations, qui, pour le dire en passant, est loin d'être, autant
que quelques-uns paraissent le croire, inapplicable aux populations agricoles, divisées tout naturellement en journaliers,
métayers, fermiers, propriétaires-cultivateurs, agriculteurs-
industriels, grands et petits possesseurs de la terre.

D'autres viendront dire qu'il sera malaisé d'assurer à chaque
groupe corporatif sa représentation propre ; que beaucoup de
groupes éparpillés ou peu nombreux ne parviendront point à
se constituer en force numérique suffisante pour former un
corps électoral, etc. Je sais tout cela ; mais je sais aussi que
c'est une des maladies de l'esprit français que de vouloir réduire tous les problèmes d'ordre moral ou politique à des solutions d'une rigueur mathématique. Les choses ne se passent
point ainsi dans la nature, qui a l'horreur de l'absolu tout
autant que du vide. Il y a, errants dans le ciel, des amas de
nébuleuses qui peu à peu, par l'effet progressif de la gravitation, deviennent des étoiles : les groupes corporatifs non agglomérés à leur début seront et feront comme ces nébuleuses ; ils
deviendront étoiles soit en se resserrant autour d'un groupe déjà

---

(1) Je reviendrai sur ce point en traitant de l'État.

existant, soit en en formant un nouveau par leur juxtaposition. En attendant, chacun des membres de ces groupes secondaires conservera son droit de vote actuel et l'exercera dans celui des grands groupes qu'il lui conviendra de choisir : ce qui vaudra toujours mieux pour lui que l'incertitude et le chaos de la situation présente.

D'autres encore s'insurgeront contre la classification corporative, en protestant qu'elle ne tient point compte de ces intérêts d'ordre supérieur, de ces abstractions quasi-divines, qui dominent de beaucoup les viles réalités de la vie pratique et dont nos rhéteurs patentés, MM. Jules Favre, Simon et consorts, tirent, à leur ordinaire, de si beaux effets et de si jolies révolutions. C'est là un point que je demande la permission de réserver quant à présent. Il s'agit ici de la Commune, où, dans l'ordre normal des choses, ces intérêts ne jouent qu'un rôle fort médiocre. Je dirai, en traitant de l'État, quelle place les dogmes sacrés ou les nobles préoccupations de la philosophie et de la justice pures peuvent, selon moi, prétendre et prendre dans la politique.

Quelques-uns aussi me crieront : « Comment! ces forces sociales que vous déclarez vous-même être en conflit latent, vous allez les mettre en présence? vous allez les distribuer et les classifier tout exprès de façon à déterminer plus nettement leurs intérêts respectifs et à les pousser ainsi plus sûrement vers une lutte ouverte? » Eh sans doute! car cette lutte se trouvera ainsi transportée au grand jour, sur le terrain légal, au lieu de s'agiter sourdement dans les sous-sols révolutionnaires. Ignorants comme nous sommes de la politique — ce qui n'a rien d'étonnant, puisqu'il y a longtemps que nous sommes déshabitués d'en faire — nous ne savons pas nous rendre compte combien l'atmosphère de la légalité modifie même les idées les plus radicales et les tempéraments les plus excessifs. Pour moi, qui ai quelque peu voyagé, il m'est arrivé de voir par le monde bien des phénomènes de ce genre; par exemple, en Italie, une

Assemblée conservatrice et royaliste composée presque tout entière d'anciens mazziniens. Ils étaient mazziniens quand ils n'étaient pas représentés ; ils étaient devenus conservateurs en devenant représentants. Et c'est pourquoi je suis assuré d'avance que le système corporatif, en répartissant toutes les classes en groupes harmoniques fondés sur la communion du travail et des intérêts, et pourvus, à ce titre, d'une représentation légale, apporterait un grand apàisement dans ces querelles sociales qui tiennent pour beaucoup, sans doute, à la nature des choses et des hommes, mais auxquelles contribue aussi, pour une large part, l'exaspération légitime des intérêts qui ne sont point représentés.

D'autres enfin accuseront le régime des corporations de violer, en distribuant les individus par classes, le principe d'égalité proclamé par notre grande Révolution. A ceux-là, je répondrai que, si le système des corporations, fondé sur la nature même des choses, viole le principe d'égalité, cela tient simplement à ce que le principe d'égalité, tel qu'il plaît à quelques-uns de l'entendre, viole la nature des choses et ne repose que sur une grossière fiction. J'ai déjà dit précédemment ce que je pense de l'égalité, comme la conçoivent les disciples de Tarquin et les courtiers de la guillotine.

Certes, autant que personne, je porte dans l'âme le respect de ce grand principe de l'égalité, principe à la fois philosophique et chrétien, et je vois clairement que c'est vers sa réalisation que tend sans relâche la marche de l'humanité à travers les trébuchements douloureux de l'histoire. Mais il n'en est pas moins vrai qu'il est grandement périlleux pour un peuple d'introduire, dans sa législation positive, des principes absolus en contradiction flagrante avec les réalités de son état social et de sa constitution intellectuelle ou économique. Un jour, bientôt peut-être, la France reconnaîtra quelle part immense se trouve avoir dans ses désastres d'aujourd'hui l'institution du suffrage universel, fondée, comme elle l'est depuis vingt ans, sur une conception vicieuse de l'égalité. Les principes outragés se vengent. Outragé par nous, le principe de la vraie égalité politique se venge de nous.

Au lieu d'attribuer à chacun la part qui lui revient dans la gestion des affaires publiques à raison de sa fonction dans l'ordre social, nous avons, par une fausse application du principe d'égalité, établi pour tous un droit identique et commun. Ainsi éparpillée, la notion de la responsabilité politique ne pouvait manquer de s'affaiblir dans la conscience de chaque citoyen. Relégué dans l'égoïsme par la destruction de la catégorie collective, désintéressé de la fortune de l'État par l'infimité de son rôle dans l'État, l'individu, à quelque classe qu'il appartienne, en est venu à dédaigner son droit de citoyen, à faire bon marché de son vote, à en trafiquer pour de misérables profits d'ambition ou même d'argent.

Les classes supérieures, n'ayant plus conscience de pouvoir être désormais les classes dirigeantes, se sont renfermées dans leurs intérêts en abjurant leurs devoirs.

Les classes inférieures, se sentant malheureuses et se croyant opprimées, parce qu'elles n'avaient pas d'expression régulière de leur droit et de leurs intérêts, se sont constituées en associations menaçantes.

La préoccupation de soi, l'insouciance du voisin, la haine du pauvre contre le riche, la défiance du riche envers le pauvre, sont devenues les caractéristiques de notre état social.

La dissolution de l'esprit public et du sentiment national devait fatalement sortir d'une telle situation ; et c'est à cette dissolution progressive, non à telle ou telle faute accidentelle de l'Empire ou de ses serviteurs, que sont dus les désastres militaires qui viennent de nous frapper.

Il s'agit de guérir au plus vite ce mal, qui, plus sûrement que le fer ennemi, tuerait la France.

Il s'agit — et la restauration de la corporation libre doit être le principal ressort de cette grande œuvre, — de reconstituer l'unité morale de la nation en fondant la solidarité des classes sur le principe d'égalité, sainement entendu et appliqué.

Il s'agit d'assurer la paix publique en France, en donnant enfin aux classes laborieuses une représentation régulière, qui leur épargne, et épargne à l'ordre social, les agitations redoutables et stériles de la représentation révolutionnaire.

Il s'agit de sauver, en même temps que la France, l'égalité elle-même, en protégeant contre ses propres excès le suffrage universel, qui, si les choses devaient continuer de suivre la même pente, ne tarderait point à déborder comme un torrent mal endigué, ou à disparaître comme un de ces fleuves dont les eaux s'infiltrent et se perdent à travers le sol mouvant qu'elles arrosent.

FIN.

Paris-Imp. PAUL DUPONT, 41 rue Jean-Jacques-Rousseau. — 906.4.1